Sgram!

Golygydd
Non ap Emlyn

Dylunydd
Marian Delyth

Cyhoeddwyd dan nawdd

Cynllun Adnoddau Addysgu a Dysgu CBAC

Cynnwys

		Tud.			Tud.
Ailgylchu	Hedd ap Emlyn	94	Dw i'n dipyn o foi yn sglefrolio...	Aled Richards	44
Amser mynd adre	Mari Tudor	79	Dw i'n hoff iawn o nofio a sgïo...	Aled Richards	45
Anrhegion Nadolig	Hedd ap Emlyn	103	Dw i'n hoffi...	Mair Elwyn	58
Ar werth	Peter Hughes Griffiths	32	Dwy ran i'r corff	Elen Pencwm	12
Aros...	Non ap Emlyn	36	Dysgu cyfri	Selwyn Griffith	70
Yr ateb	Non ap Emlyn	25	Efo fy llygad bach i	Non ap Emlyn	76
Barbeciw	Non ap Emlyn	28	Es i i'r sŵ i weld cangarŵ	Aled Richards	41
Beiciau	Hedd ap Emlyn	64	Faint sy ar ôl?	Non ap Emlyn	72
Beiciau mynydd yn cario ni'n tri...	Non ap Emlyn	99	Fy enfys i	Non ap Emlyn	10
Ble wyt ti'n byw?	Hedd ap Emlyn	8	Fy ffrindiau i	Hedd ap Emlyn	31
Bwyd	Mair Elwyn	16	Fy ngôl gyntaf	Hedd ap Emlyn	48
Cerdd Nadolig	Zac Davies	106	Fy nheulu i a fi	Hedd ap Emlyn	14
Cerdyn Nadolig	Aled Lewis Evans	102	Ffotograffau gwyliau	Zac Davies	60
Clicyti clac	Tudur Dylan	83	Ffrind	Non ap Emlyn	33
Cysgu draw: tŷ Gareth Williams	Zac Davies	52	Ffrwythau	Mari Tudor	22
Dau gi bach...	Traddodiadol	34	*Gee*, geffyl bach	Traddodiadol	98
Dau gi bach yn mynd i'r dre	Mair Elwyn	35	Gêm tennis Sam	Hedd ap Emlyn	47
Dillad smart	Lleuwen Hedd	65	Glaw	Non ap Emlyn	84

		Tud.			Tud.
Gwahoddiad	Non ap Emlyn	24	Y parc	Zac Davies	54
Gwersylla	Hedd ap Emlyn	50	Parti	Mair Elwyn	26
Yr haf	Manon Hedd	89	Parti	Aled Richards	27
Joio	Mair Elwyn	46	Pizza	Robat Powell	17
Llawn	Hedd ap Emlyn	92	Popeth i bawb	Tudur Dylan	7
Y lleidr	Non ap Emlyn	38	Rap rheolau	Aled Richards	74
Lliwiau	Hedd ap Emlyn	96	Y robot dillad	Lleuwen Hedd	66
Lliwiau'r Nadolig	Mair Elwyn	104	Roedd bachgen bach byr…	Aled Richards	29
Llygod bach	Hedd ap Emlyn	42	Roedd menyw fawr dew…	Aled Richards	29
Mae badminton, tennis a rygbi…	Elin Aaron	44	Rhannu	Robat Powell	30
Marcio gwaith dosbarth	Ceri Wyn Jones	71	Siopa gyda Dad	Ceri Wyn Jones	20
Mynd ar ras yn y car bach glas	Non ap Emlyn	19	Storm	Zohrah Evans	86
Mynd drot drot ar y gaseg wen	Traddodiadol	18	Sŵn	Tudur Dylan	13
Mynd i'r dre	Mair Elwyn	62	Tician y cloc	Non ap Emlyn	68
Nadolig	Mair Elwyn	105	Y tymhorau	Hedd ap Emlyn	90
Y neidr	Manon Hedd	40	Tywydd braf	Hedd ap Emlyn	88
Noson tân gwyllt	Zohrah Evans	100	Wyt ti eisiau…?	Mererid Hopwood	56
O, dw i'n sâl	Hedd ap Emlyn	80			

Noddwyd gan Lywodraeth Cynulliad Cymru.

Cyhoeddwyd dan nawdd Cynllun Adnoddau Addysgu a Dysgu CBAC.

© 2008 Awen

© y lluniau: yr artistiaid (gweler tud. 110)
© y cerddi: y beirdd ac Awen
(ar wahân i'r cerddi a gyhoeddwyd eisoes: gweler tud. 110)

Cedwir pob hawl. Ni chaniateir atgynhyrchu unrhyw ran o'r cyhoeddiad hwn na'i storio mewn system adferadwy, na'i drosglwyddo mewn unrhyw ddull, na thrwy unrhyw gyfrwng, electronig, peirianyddol, llungopïo nac mewn unrhyw ffordd arall, heb ganiatâd ymlaen llaw gan y cyhoeddwyr. Cyhoeddwyd gan Awen, Canolfan y Cyfryngau, Croes Cwrlwys, Caerdydd CF5 6XJ.

ISBN: 978-1-905699-26-1

Argraffwyr: Y Lolfa

Mae cyfieithiad o'r cerddi ar gael ar-lein. Ewch i www.awenmedia.com

A translation of the poems is available online. Go to www.awenmedia.com

Cyflwyniad

Mae'r llyfr yma fel sgram!

Mae llawer o gerddi blasus yma – cerddi am y teulu, am anifeiliaid, am chwaraeon, am fwyd, am y tywydd, am fynd i barti – a 'lawer mwy. Maen nhw'n llawn hwyl ac rydych chi'n mynd i fwynhau darllen y cerddi yma rydw i'n siŵr.

Mae llawer o luniau blasus yma hefyd. Maen nhw'n lliwgar. Maen nhw'n gyffrous. Maen nhw'n help i chi ddeall y cerddi. Felly, edrychwch yn ofalus ar y lluniau pan fyddwch chi'n darllen y cerddi.

Beth ydych chi'n wneud gyda sgram? Mwynhau, wrth gwrs. Felly, mwynhewch nawr!

Diolch

Diolch i'r canlynol am eu help wrth baratoi'r gyfrol yma:
Y grŵp monitro: Judith Anthony, Dwynwen Jones, Caroline Harries, Pamela Morgan, Ann Samuel

Yr ysgolion sy wedi bod yn treialu'r gwaith:

- Ysgol Iau Sant Elfod, Abergele
- Ysgol Iau Durham Road, Casnewydd
- Ysgol Gynradd Abercraf
- Ysgol Gymunedol Doc Penfro

Diolch i'r beirdd am ysgrifennu'r cerddi ac i'r gweisg am roi caniatâd i ni ddefnyddio cerddi sy wedi eu cyhoeddi'n barod – mae rhestr lawn ar dudalen 110.

Diolch i Hedd ap Emlyn am ei gymorth parod a'i gyngor gwerthfawr – fel arfer!

Diolch i Awen am y gwahoddiad i lunio'r gyfrol ac am yr holl waith manwl wrth baratoi'r gyfrol ar gyfer y wasg.

Diolch yn arbennig i Marian Delyth am ddylunio'r gyfrol mewn ffordd mor lliwgar a chyffrous.

Non ap Emlyn
Mawrth 2008

Popeth i bawb

(llenwa'r bylchau i wneud pennill i ti dy hun)

Fy enw i yw _____

Rwy'n berson _____ iawn

Rwy'n _____ yn y bore

Ac yn _____ yn y pnawn!

Tudur Dylan

rwy'n = dw i'n – *I'm*
pnawn = prynhawn – *afternoon*

Ble wyt ti'n byw?

Mae Yncl Huw
yn byw yn Periw.

Mae Anti Dinah
yn byw yn China.

Mae Anti Nan
yn byw yn Japan.

Mae 'mrawd mawr, Stan,
yn byw yn Afghanistan.

Mae 'nheulu i gyd
yn byw dros y byd!

Bobl bach!

Hedd ap Emlyn

'mrawd mawr – *my big brother*
'nheulu i gyd – *all my family*
dros y byd – *all over the world*
bobl bach! – *good gracious!*

Fy enfys i

Crys rygbi Cymru
Orennau mawr
Bananas blasus
Beic fy chwaer
Llygaid Taid
Trowsus ysgol
Blows fy nain

Beth sy y

...a minlliw Mam,
...a gwallt newydd Sam,
...a blodau hardd,
...a letys o'r ardd,
...a chwt y ci,
...a'n car bach ni,
...a fy sglefrfwrdd i.

...y enfys di?

Non ap Emlyn

enfys – *rainbow*
minlliw – *lipstick*
blasus – *delicious*
hardd – *beautiful*
cwt y ci – *the dog's kennel*
sglefrfwrdd – *skateboard*

Dwy ran i'r corff

Mae gen i ddau lygad
i weld dros y lle;

dwy glust hefyd,
y chwith a'r dde.

Mae gen i ddwy fraich –
i fyny â nhw;

Un llaw, dwy law,
helô, iŵ-hŵ!

Dwy goes hir
er mwyn cerdded a neidio,

ac i gario'r cwbwl
dwy droed sydd yno.

Elen Pencwm

dros y lle – *all around*
y chwith – *the left (one)*
a'r dde – *and the right (one)*
i fyny â nhw – *up they go*
er mwyn – *in order to*
cwbwl = cwbl – *everything*
dwy droed sydd yno – *there are two feet*

Sŵn

Dw i weithiau yn sibrwd
Dw i weithiau yn gweiddi

Dw i weithiau yn siarad
Dw i weithiau yn sisial

Dw i weithiau yn mwmian
Dw i weithiau yn sgrechian

Dw i weithiau yn crïo
Dw i weithiau yn bloeddio

Dw i weithiau yn gwichian
Dw i weithiau'n brygowthan

Dw i weithiau yn chwythu
Dw i weithiau yn canu
Dw i weithiau yn chwyrnu

Ond dw i byth yn dawel!

Tudur Dylan

weithiau – *sometimes*
sibrwd – *whisper*
sisial – *murmur*
mwmian – *hum*
sgrechian – *scream*
bloeddio – *yell*
gwichian – *squeak*
brygowthan – *jabber*
chwythu – *blow*
chwyrnu – *snore*
dw i byth yn dawel – *I'm never quiet*

Fy nheulu i a fi

Mae Mam yn hoffi pasta gwyn;
Mae Dad yn hoffi reis;
Mae 'mrawd yn hoffi pizzas mawr
Â lot o *toppings* neis.

Dw i yn hoffi plataid mawr
O datws, ham a bîns;
Dw i ddim yn hoffi cyri poeth,
Tomatos na sardîns.

plataid – *plateful*
na – *nor*

Mae Taid yn hoffi dawnsio'n wyllt
Mewn disgo yn y dre;
Mae Nain yn hoffi sglefrio iâ –
Mae'n gleidio dros y lle.

Dw i yn hoffi reidio beic
A chwarae fy nhrombôn;
Mae'r sŵn yn cario dros y wlad –
O Benfro draw i Fôn.

Hedd ap Emlyn

mae'n gleidio – *she glides*
dros y lle – *all over the place*
fy nhrombôn – *my trombone*
dros y wlad – *all over the country*
Penfro – *Pembroke*
draw i Fôn – *to Anglesey*

15

Bwyd

Bwyta brecwast mawr bob bora –
Creision ŷd, cig moch ac wya,
Tost a mêl a iogwrt mefus –
Dyna frecwast hyfryd, blasus.

Cig a moron, tatws, grefi –
Dyna'r bwydydd dw i'n eu hoffi;
Wedyn, pwdin afal melys –
Dyna ginio hyfryd, blasus.

Amser swper, brechdan facwn
Ac fel trît, mae teisen lemwn,
Llefrith oer a ffrwythau iachus –
Dyna swper hyfryd, blasus.

Mair Elwyn

bora = bore – *morning*
wya = wyau – *eggs*
mêl – *honey*
mefus – *strawberry*

blasus – *delicious*
bwydydd – *foods*
melys – *sweet*
bacwn = cig moch – *bacon*

teisen = cacen – *cake*
llefrith = llaeth – *milk*
iachus – *healthy*

Pizza

Dw i'n hoffi pizza trwchus,
Dw i'n hoffi pizza mawr,
Dw i'n bwyta ar y soffa,
Ac weithiau ar y llawr.

Dw i'n hoffi pizza Bangor
Dan afon hir o saws,
A pizza Tonypandy
Llawn ffa, cig moch a chaws.

Â Mam yn gweiddi 'Pizza!',
Dw i'n dod ar ras o hyd,
Ond 'Amser golchi'r llestri!'
A mas â fi i'r stryd!

Robat Powell

trwchus – *thick*
ar y llawr – *on the floor*
llawn – *full of*
â Mam yn gweiddi – *when Mum shouts*
ar ras – *quickly*
o hyd – *always*
golchi'r llestri – *wash up*
mas â fi – *I dash out*

Mynd drot drot ar y gaseg wen

Mynd drot drot ar y gaseg wen,
Mynd drot drot i'r dre;
Mami'n dod 'n ôl dros fryn a dôl
Â rhywbeth neis, neis i de.
Teisen i Sil, banana i Bil,
A thamaid i'r gath a'r ci.
Afal mawr iach i Ben y gwas bach
A rhywbeth neis, neis i mi.

Traddodiadol

y gaseg wen – *the white mare*
dod 'n ôl – *return*
dros fryn a dôl – *over hill and dale*
tamaid – *a little something*
iach – *healthy*
gwas – *servant*

Mynd ar ras yn y car bach glas,
Mynd ar ras i'r dre;
Mam yn dod 'n ôl dros fryn a dôl
 rhywbeth neis, neis i de.
Sbageti i Sam, paëla i Pam
A pizzas mewn bocs i ni –
Margherita bach i Matt, fy mrawd iach,
A Hawaiian mawr, mawr i mi.

Mynd i nôl bwyd ar y beic bach llwyd,
Mynd i nôl bwyd i'r dre;
Mam yn dod 'n ôl dros fryn a dôl
 rhywbeth neis, neis i de.
Melon i Mave a *doughnut* i Dave
Ac *Indian* mewn bag i ni,
Vindaloo poeth i Vince, fy mrawd doeth,
A Korma cyw iâr i mi.

Non ap Emlyn

ar ras – *very quickly*
nôl – *get, fetch*
doeth – *wise*

19

Siopa gyda Dad

'Cofiwch brynu llysiau da:
bresych, moron, pys a ffa.'

'Iawn, Mam, hwyl, Mam!
Bant â ni!'
(Siopa gyda Dad sy'n sbri!)

Yn y troli fi sy'n gyrru,
Dad sy'n gwthio, Dad sy'n chwysu.

'Chwith, Dad, dde, Dad,
nawr, Dad, stop!
(Dyma lle mae silff y pop!)

''N ôl, Dad, 'mlaen, Dad,
heibio'r ffa!'
(Nawr fan hyn mae'r hufen iâ!)

'Lan, Dad, lawr, Dad,
'mlaen yn syth!'
(*Chicken nuggets* ar y chwith!)

'Mewn, Dad, mas, Dad,
talu'r bil!'
(Y mae siocled wrth y til!)

Dyna ni! Y troli'n llawn,
ac o'r dre am adre'r awn.

'Helô, Mam, chi eisiau pop?
Doedd dim llysiau yn y siop!'

Ceri Wyn Jones

cofiwch – *remember*
prynu – *to buy*
bant â ni – *off we go*
sy'n sbri – *is fun*
fi sy'n gyrru – *I'm driving*
gwthio – *pushing*

chwysu – *sweating*
silff – *shelf*
heibio – *past*

fan hyn – *here*
lan = i fyny – *up*
mas = allan – *out*

llawn – *full*
am adre'r awn – *we head for home*

Ffrwythau

Oren â'i sudd
Yn wlyb-felys
Ar dafod bwyta'n iach.

Afal â'i flas
Sur-felys
Yn crensian rhwng dannedd gwyn.

Banana â'i chroen
Gwyrdd-felyn
Yn barod i'w bwyta ar fara brown.

Mefus a mafon
Melys-goch
A môr o iogwrt mewn cwch melon.

Pob un
Yn grêt o flasus.

Ond...
Gyda'i gilydd,
Salad ffrwythau ffres!
Bendigedig!

Mari Tudor

yn wlyb-felys – *juicy and sweet*
tafod – *tongue*
sur-felys – *bitter- and sweet*
crensian – *crunchy*
dannedd – *teeth*

croen – *skin*
melys-goch – *sweet and red*
cwch – *boat*
yn grêt o flasus – *delicious*
gyda'i gilydd – *together*

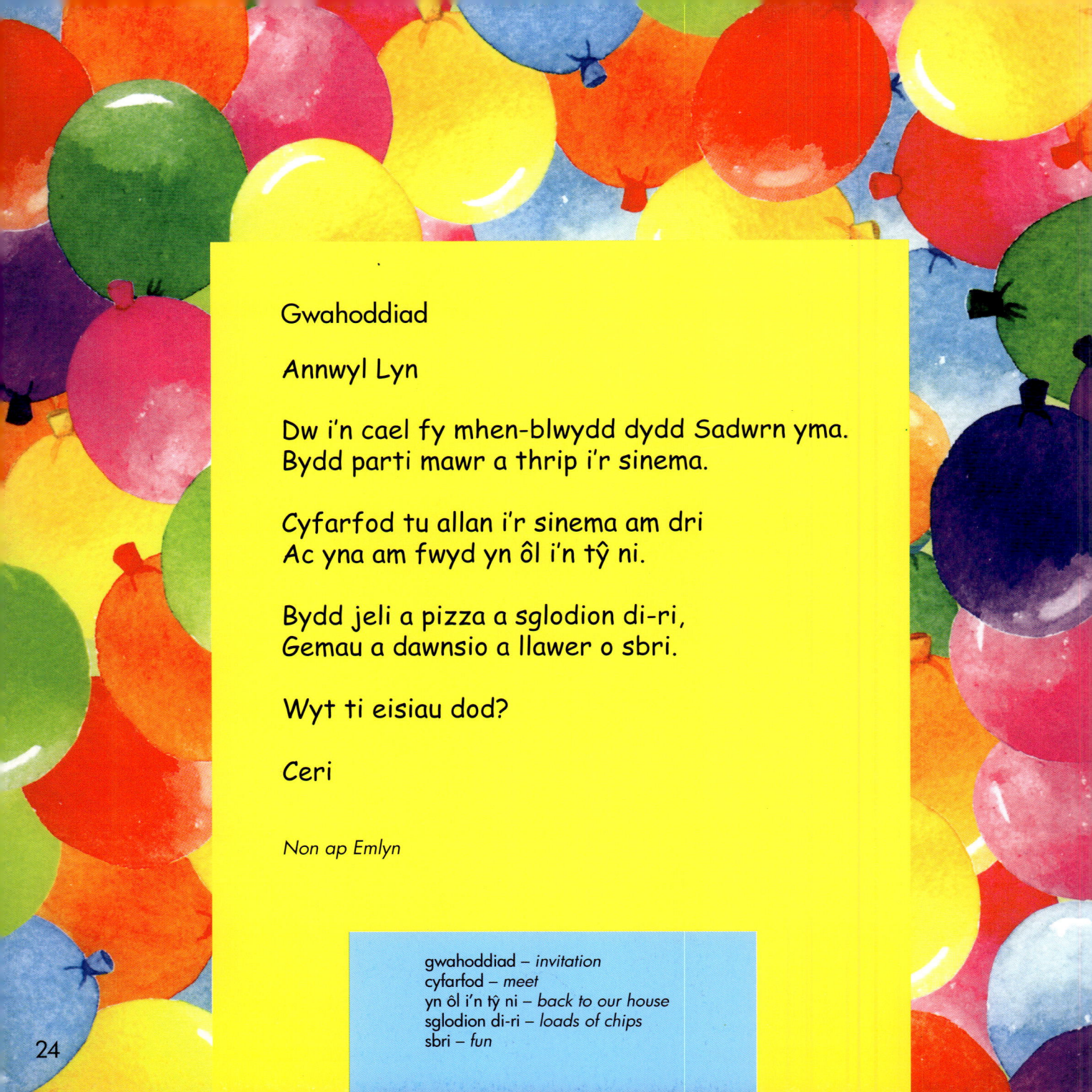

Gwahoddiad

Annwyl Lyn

Dw i'n cael fy mhen-blwydd dydd Sadwrn yma.
Bydd parti mawr a thrip i'r sinema.

Cyfarfod tu allan i'r sinema am dri
Ac yna am fwyd yn ôl i'n tŷ ni.

Bydd jeli a pizza a sglodion di-ri,
Gemau a dawnsio a llawer o sbri.

Wyt ti eisiau dod?

Ceri

Non ap Emlyn

gwahoddiad – *invitation*
cyfarfod – *meet*
yn ôl i'n tŷ ni – *back to our house*
sglodion di-ri – *loads of chips*
sbri – *fun*

Yr ateb

Annwyl Ceri

Diolch yn fawr am dy wahoddiad di.
Dw i'n gallu dod i'r hwyl a'r sbri.

Dw i'n edrych ymlaen at y parti'n fawr,
Tan ddydd Sadwrn, pob hwyl am nawr.

Lyn

Non ap Emlyn

gwahoddiad – *invitation*
gallu dod – *can come*
edrych ymlaen at – *look forward to*
tan – *until*
pob hwyl am nawr – *bye for now*

am sgram! – *what a feast!*
cyrains du – *blackcurrants*

Parti

Brechdanau ham,
Hufen iâ a jam –
Am sgram!

Sudd cyrains du
A pop i ni –
Hwyl a sbri!

Agor cardiau,
Chwarae gemau –
Mwynhau!

Mair Elwyn

Parti

Parti, parti,
Dw i'n dwlu ar fwyd parti.
Parti, parti,
Rhowch fwy o fwyd i mi.

Un pecyn o greision,
Dwy frechdan ham,
Tair tanjerîn,
Pedair brechdan jam...

Pum pizza poeth,
Chwe diod hyfryd,
Saith sosej tew –
Dw i'n dal yn llwglyd!

Wyth cacen flasus –
Dw i'n dechrau chwysu,
Naw sgŵp o hufen iâ.
Deg...

BLYYYYYYYCH!

O na... dw i wedi chwydu!

Aled Richards

dwlu ar = gwirioni ar – *love*
dw i'n dal yn llwglyd – *I'm still hungry*
blasus – *delicious*
chwysu – *sweat*
dw i wedi chwydu – *I've been sick*

Barbeciw

Dad mewn ffedog las,
Hisian sosejys sbeislyd,
A byrgyrs blasus.

Non ap Emlyn

ffedog – *apron*
hisian – *sizzling*
sbeislyd – *spicy*
blasus – *delicious*

Roedd menyw fawr dew o Glangwili
Yn swnllyd, bob amser yn gweiddi,
    Roedd clywed y stŵr
     Yn boenus i'r gŵr –
Symudodd i fyw i Gaergybi.

Aled Richards

> menyw = dynes – *woman*
> swnllyd – *noisy*
> bob amser yn gweiddi – *always shouting*
> stŵr – *noise*
> poenus – *painful*
> symudodd – *he moved*
> Caergybi – *Holyhead*

Roedd bachgen bach byr o Brestatyn
Yn dringo, bob dydd, i ben postyn,
    Dywedodd yn syn,
     "Dw i'n gweld, o'r fan hyn,
Y merched ar draethau Bae Colwyn!"

Aled Richards

> bob dydd – *every day*
> i ben postyn – *to the top of a post*
> yn syn – *surprised*
> o'r fan hyn – *from here*
> traethau – *beaches*

Rhannu

Un i fi, un i ti,
Ac mae dau, os rhannwn ni!

Dau i fi, dau i ti,
Ac mae pedwar gyda ni.

Tri i fi, tri i ti,
Wedyn dyma chwech i ni.

Rhannu creision, rhannu llyfrau,
A CDs y grwpiau gorau!

Wyt ti eisiau mwy a mwy?
Eisiau pedair gêm, nid dwy?

Rhannwn ni ein pethau i gyd,
Dyma'r ffordd i newid byd!

Robat Powell

rhannu – *sharing, share*
os rhannwn ni – *if we share*
gorau – *best*

ein pethau i gyd – *all our things*
newid byd – *change the world*

hir ei ddant – *long toothed*
popeth – *everything*

Ar werth

Bwldog mawr a hir ei ddant.
Yn bwyta popeth,
Ac yn hoff o blant.

Peter Hughes Griffiths

llais – *voice*
ga i basio? – *may I pass?*
symud – *move*
dweud wrtho i – *tell me*
gwylia – *look out*
gweiddi – *shout*
rhywun – *someone*
fy nghlustiau i – *my ears*

Ffrind

Mewn siop –
Llais cwsmer:
　"Ga i basio?"
Dw i ddim yn symud
achos
dw i ddim yn clywed.
　Ond rwyt ti'n dweud wrtho i.

Yn y parc –
Llais plentyn yn chwarae:
　"Gwylia'r ffrisbi!"
Dw i ddim yn symud
achos
dw i ddim yn clywed.
　Ond rwyt ti'n dweud wrtho i.

Yn y tŷ –
Llais yn gweiddi wrth y drws:
　"Oes rhywun gartref?"
Dw i ddim yn symud
achos
dw i ddim yn clywed.
　Ond rwyt ti'n dweud wrtho i.

Ti ydy fy nghlustiau i.
Ti ydy fy help i.
Ti ydy fy ffrind i!

Non ap Emlyn

Dau gi bach...

Dau gi bach yn mynd i'r coed,
Esgid newydd am bob troed;
Dau gi bach yn dŵad adre
Wedi colli un o'u sgidie.
Dau gi bach.

Traddodiadol

Dau gi bach yn mynd i'r dre
Eisiau rhywbeth neis i de;
Dau gi bach yn prynu cacen
Ac yn dŵad adre'n llawen.
Dau gi bach.

ar bob troed – *on each foot*
dŵad adre – *come home*
wedi colli – *having lost*
(e)sgidie – *shoes*
dillad ffansi – *fancy dress*
cwpan – *cup*

Dau gi bach yn mynd i'r parti
Wedi gwisgo dillad ffansi;
Dau gi bach yn bwyta brechdan
Ac yn yfed pop o gwpan.
Dau gi bach.

Mair Elwyn

Aros...

Mae hi'n eistedd wrth y drws
yn aros...

Yn y p'nawn,
mae hi'n aros i...
ni ddod o'r ysgol.
Ciwt!

Yn y nos,
Mae hi'n aros i...
Dad ddod o'r gwaith.
Da!

aros – *waiting*
dod â'r llythyrau – *deliver the letters*

Ond yn y bore,
Mae hi'n aros i'r...
postman ddod â'r llythyrau.
Drwg!

Non ap Emlyn

Y lleidr

Mae lleidr yn y cae
yn ymyl tŷ ni.

Mae'n dod
i ddweud "Helô"
bob bore.

Mae'n dod i fyny ata i
yn dawel...

Mae'n cerdded
yn araf...

Mae'n edrych
yn slei...

Yna,
yn sydyn,
mae'n gwthio'i drwyn
i mewn i fy mhoced.

Oes –
mae lleidr yn y cae
yn ymyl tŷ ni.
Lleidr brown a du
efo seren ar ei ben –
ac mae o wrth ei fodd
yn dwyn y
BARA!

Non ap Emlyn

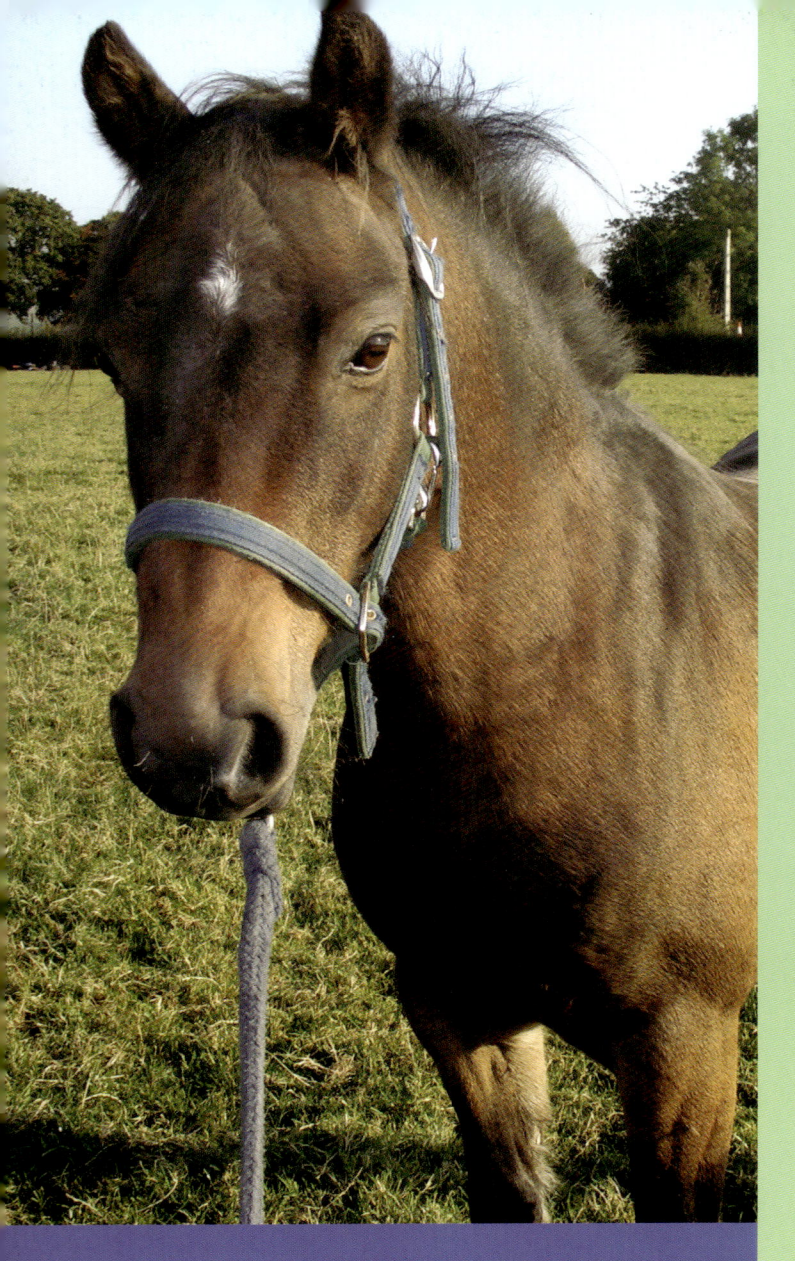

lleidr – *thief*
yn ymyl – *by*
i fyny ata i – *up to me*
yn dawel – *quietly*
gwthio'i drwyn – *pushes his nose*
fy mhoced – *my pocket*
seren – *star*
dwyn – *steals*

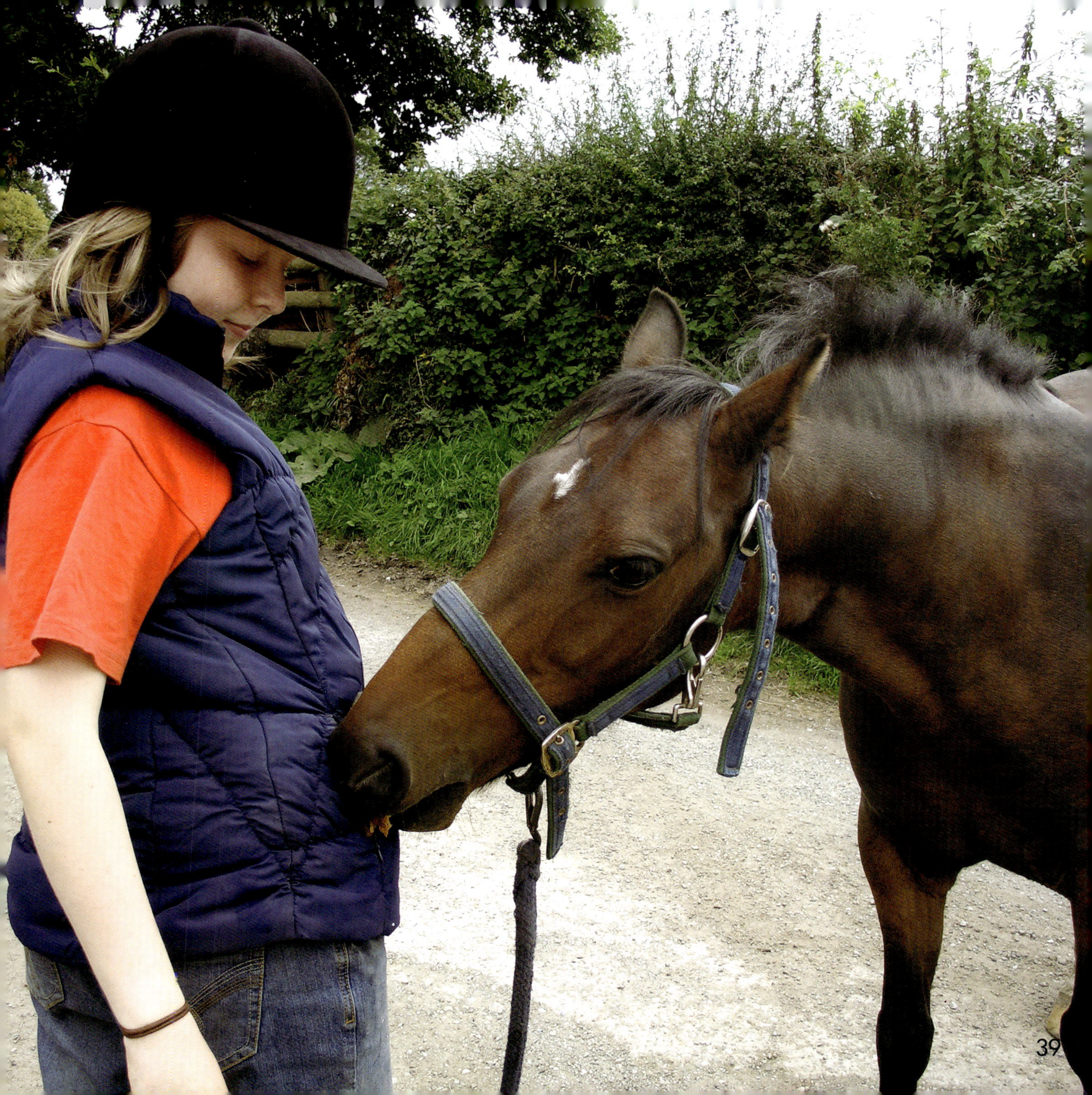

Y neidr

Ssssssssssssssssssssssssssssssssut mae? Ssssssssssiwssssssssi ydw i. Dw i eisiau lliiiiiiiiiiiiiiiiiiiiiithro ar y llawr llyfn. Ond hhhhhhhhhhhhhhsssssssssssssssssssssssssssssssssssssssssssssssssss mae rhywun yn dod! Nossssssssssssss da!

Manon Hedd

llithro – *slide*
yn llyfn – *smooth*
rhywun – *someone*

es i – *I went*
gwelais i – *I saw*
llewpart – *leopard*
llew – *lion*
neidr – *snake*
morlo – *seal*
pwma – *puma*
arth – *bear*
ffyrnig – *fierce*

Es i i'r sŵ i weld cangarŵ

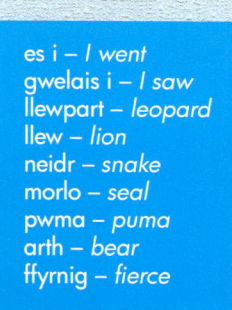

Es i i'r sŵ i weld cangarŵ.

Gwelais i deigr, llewpart a llew,
Rhinoseros ac eliffant a hipo mawr tew.

Gwelais i fwnci, camel a sebra,
Orang-wtang oren, babŵn a gorila.

Gwelais i neidr, jiráff a morlo,
Igwana, pengwin, dolffin a pwma.

Gwelais i barot ac wyth cocatŵ,
Dwy arth ffyrnig…

… ond dim un cangarŵ.

Bw hw!

Aled Richards

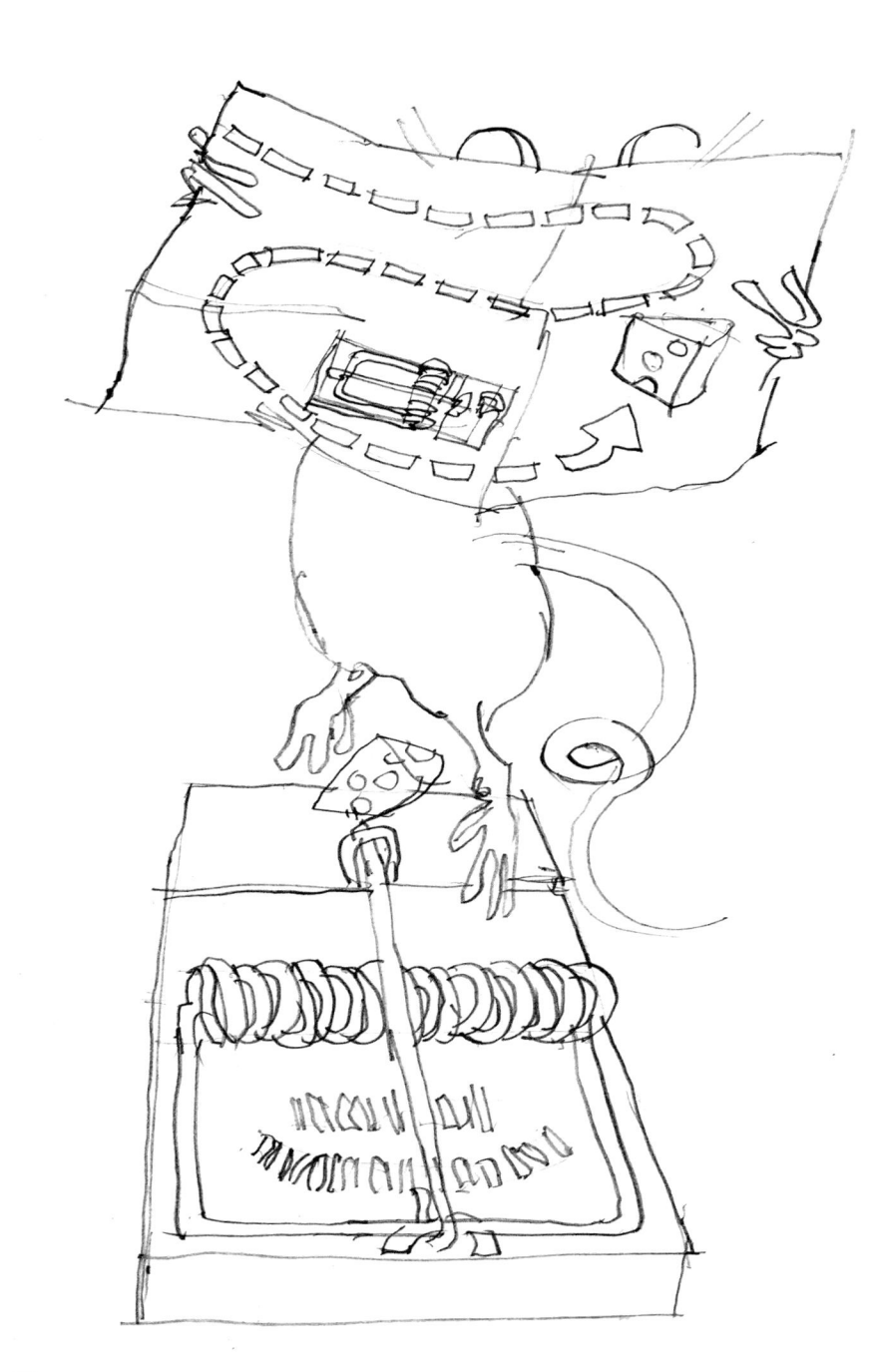

Llygod bach

Deg llygoden yn chwarae'n braf,
Syrthiodd un i Afon Taf.
Faint sy ar ôl?

Naw llygoden yn y cae,
Syrthiodd un i dwll – ble mae?
Faint sy ar ôl?

Wyth llygoden yn darllen map,
Syrthiodd un i mewn i'r trap.
Faint sy ar ôl?

Saith llygoden yn y glaw,
Syrthiodd un i mewn i'r baw.
Faint sy ar ôl?

Chwe llygoden yn dringo coeden,
Syrthiodd un i dwll cwningen.
Faint sy ar ôl?

Pum llygoden yn bwyta o'r bin,
Syrthiodd un i mewn i dun.
Faint sy ar ôl?

Pedair llygoden yn mynd i'r tŷ,
Syrthiodd un o flaen y ci.
Faint sy ar ôl?

Tair llygoden ar y bwrdd,
Syrthiodd un yn syth i ffwrdd.
Faint sy ar ôl?

Dwy lygoden yn bwyta cig moch,
Syrthiodd un i mewn i'r sôs coch.
Faint sy ar ôl?

Un llygoden drist ar ôl,
Yn mynd i ffwrdd ar wyliau;
Mae'n dod yn ôl yn hapus iawn
Ar ôl gwneud lot o ffrindiau...

Mae lot o lygod nawr!

Hedd ap Emlyn

llygoden, llygod – *mouse, mice*
Afon Taf – *the river Taff (in Cardiff)*
syrthiodd – *fell*
twll – *hole*
baw – *mud (dirt)*
i dwll cwningen – *into a rabbit's hole*
o flaen – *in front of*
syrthiodd un yn syth i ffwrdd – *one fell off straight away*
trist – *sad*

rhwyfo – *rowing*
eich cadw chi'n heini – *keeping you fit*

Mae badminton, tennis a rygbi,
Pêl-fasged, pêl-droed a phêl-foli,
   Hwylio a rhwyfo,
   Beicio a jiwdo
Yn dda am eich cadw chi'n heini.

Elin Aaron

Dw i'n dipyn o foi yn sglefrolio,
Yn ennill pob ras dw i'n ei thrio,
   Dw i'n wych yn merlota,
   Yn grêt am bysgota,
A hyd yn oed gwell am freuddwydio!

Aled Richards

dipyn o foi – *quite a lad*
sglefrolio – *roller-skating*
ennill – *win*
merlota – *horse riding*
hyd yn oed gwell – *even better*
breuddwydio – *dreaming*

Dw i'n hoff iawn o nofio a sgïo
A thennis a golff a gwibgartio,
   Does dim rhaid ymarfer
   Bob nos ar ôl swper –
Dw i'n chwarae nhw i gyd ar Nintendo!

Aled Richards

gwibgartio - *go-karting*
does dim rhaid - *there's no need to*
ymarfer - *practise, train*
nhw i gyd - *them all*

Joio

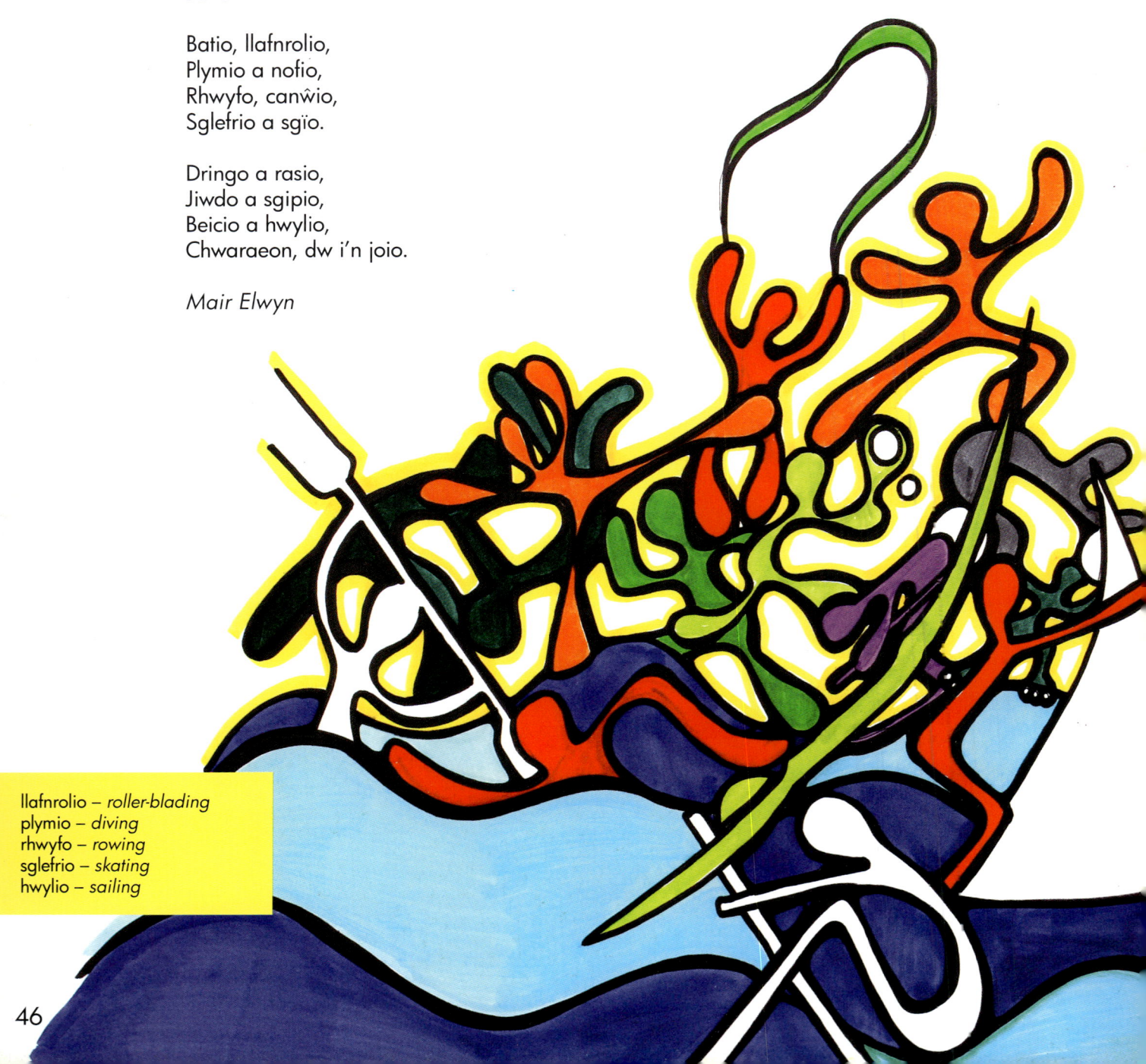

Batio, llafnrolio,
Plymio a nofio,
Rhwyfo, canŵio,
Sglefrio a sgïo.

Dringo a rasio,
Jiwdo a sgipio,
Beicio a hwylio,
Chwaraeon, dw i'n joio.

Mair Elwyn

llafnrolio – *roller-blading*
plymio – *diving*
rhwyfo – *rowing*
sglefrio – *skating*
hwylio – *sailing*

Gêm tennis Sam

Wîîîîî!! Mae'r bêl yn mynd o'r chwith... i'r dde...

o'r dde...

i'r chwith...

o'r chwith...

i'r dde... O,o,o,o,o, RHWYD!

O'r chwith... i'r dde... o'r dde...

i'r chwith eto...

Wîîîîî!!
Dw i
wrth fy modd
yn chwarae
gyda'r
Wii.

o'r chwith i'r dde – *from left to right*
o'r dde i'r chwith – *from right to left*
rhwyd – *net*

Hedd ap Emlyn

Fy ngôl gyntaf

Dw i'n
driblo'r bêl
igam-ogam,
rhwng ei goesau,
heibio i'r bechgyn tyff,
rhedeg ar hyd y lein
at y gôl.

Rhedeg…
yn gyflym…
yn gyflym iawn…
yn gyflym iawn, iawn.
Anelu,
a…
GÔL!!!

Dw i'n neidio,
Dw i'n dawnsio,
Dw i'n gweiddi,
Dw i'n sgrechian.
Fy ngôl gyntaf!

Ond,
syrpreis a sioc –
mae'r bêl
yn
fy ngôl i!

Hedd ap Emlyn

fy ngôl gyntaf – *my first goal*
igam-ogam – *zig-zag*
rhwng – *between*

heibio i'r – *past the*
anelu – *aim*

gweiddi – *shout*
sgrechian – *scream*

Gwersylla

Ch...ch...ch...ch... chwyrnu
a chicio.
Gwely caled
a dw i'n teimlo'n
oer.

Bwyd wedi llosgi,
lliw du ar y tost;
tatws a bîns
oer.

Pabell wlyb,
traed gwlyb,
pants gwlyb,
dw i'n
oer.

Ond o,
mae gwersylla'n
hwyl.

Hedd ap Emlyn

gwersylla – *camping*
chwyrnu – *snoring*
caled – *hard*
wedi llosgi – *burnt*
pabell – *tent*

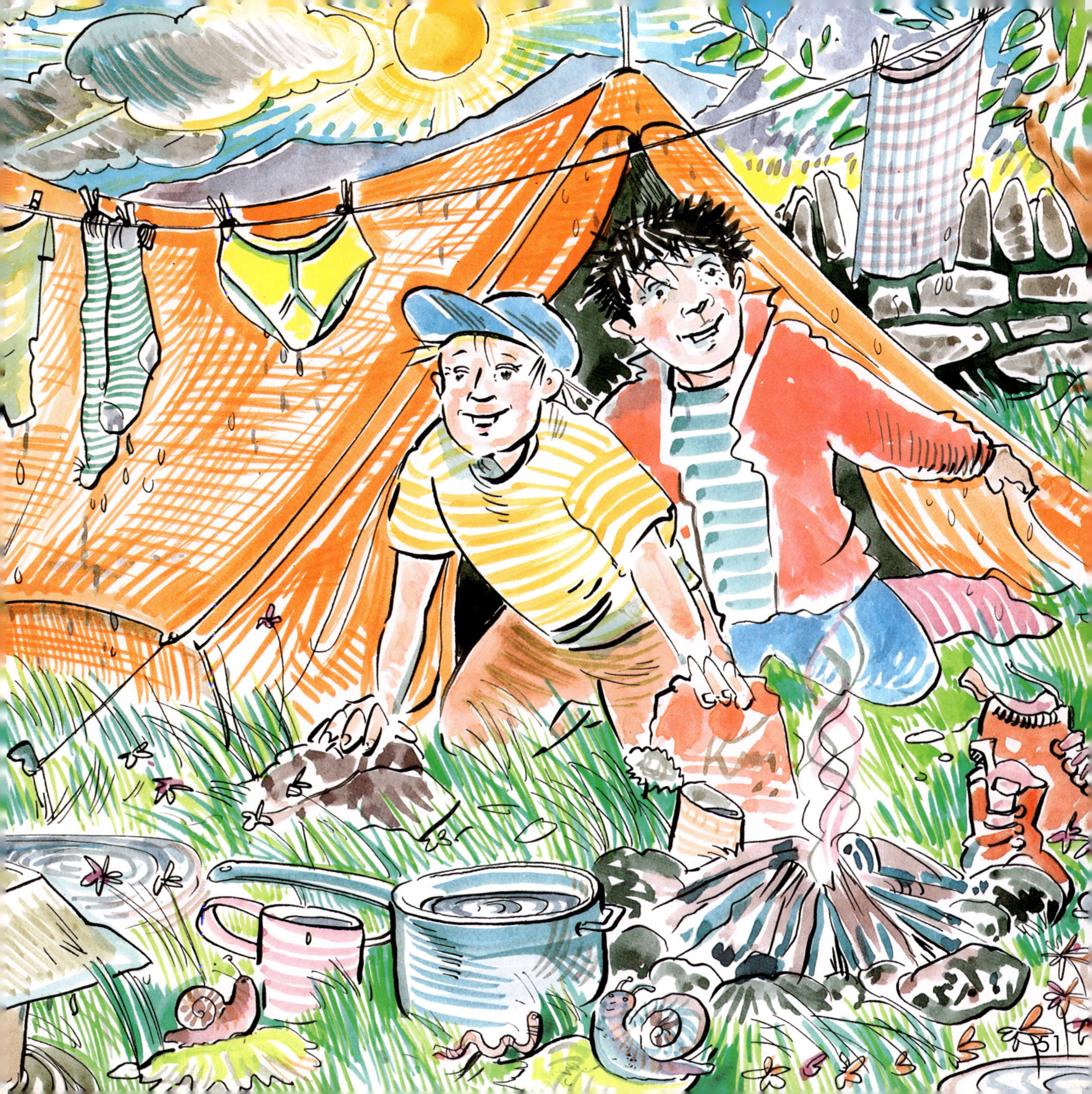

Cysgu draw: tŷ Gareth Williams

Es i i dŷ Gareth nos Wener
Â sach gysgu fawr yn fy llaw.
Roedd Tomos a Rhidian, Trystan a fi
Yn cysgu draw.

Am ddau o'r gloch yn y bore
Roeddwn i yn y gegin lawr llawr.
Roedd Gareth yn bwyta brechdanau caws
Ac roeddwn i yno am awr.

Am dri o'r gloch yn y bore
Roeddwn i'n darllen cylchgronau pêl-droed.
Roedd Trystan yn chwarae'r piano
A dyna'r sŵn gwaetha erioed.

Am chwech o'r gloch yn y bore
Roeddwn i yn y lolfa lawr llawr.
Roedd pawb yn tecstio eu ffrindiau
Roeddwn i ar y ffôn am ddwy awr!

Am ddeg o'r gloch yn y bore
Tawelwch lan lofft a lawr llawr.
Roedd Gareth Williams a'i ffrindiau i gyd
Yn cysgu nawr!

Zac Davies

cysgu draw – *sleepover*
es i – *I went*
sach gysgu – *sleeping bag*
yn fy llaw – *in my hand*
lawr llawr = lawr stâr – *downstairs*
am awr – *for an hour*
gwaetha erioed – *worst ever*
am ddwy awr – *for two hours*
tawelwch – *quiet*
lan lofft = i fyny'r grisiau – *upstairs*
i gyd – *all of them*

Y parc

Mae parc mawr iawn tu ôl i'r tŷ
Ac rydw i'n lwcus, lwcus.
Seiclais yn y parc dydd Sul
Ces i amser hapus
A bwytais bicnic blasus
Gyda'm ffrindiau i.

Mae parc mawr iawn tu ôl i'r tŷ
Ac rydw i'n lwcus, lwcus.
Batiais yn y parc dydd Sul
Ces i amser hapus
A daliais beli'n gampus
Gyda'm ffrindiau i.

Mae parc mawr iawn tu ôl i'r tŷ
Ac rydw i'n lwcus, lwcus.
Cerddais i i'r parc nos Iau
Ond roeddwn i'n anhapus –
Neb yn chwarae criced nawr
Ac roeddwn i yn nerfus
Heb fy ffrindiau i.

Zac Davies

---

tu ôl i – *behind*
seiclais – *I cycled*
ces i – *I had*
bwytais – *I ate*
blasus – *delicious*
gyda'm – *with my*
batiais – *I batted*
daliais – *I caught*
yn gampus – *great*
cerddais i – *I walked*
neb – *no-one*
nerfus – *nervous*
heb – *without*

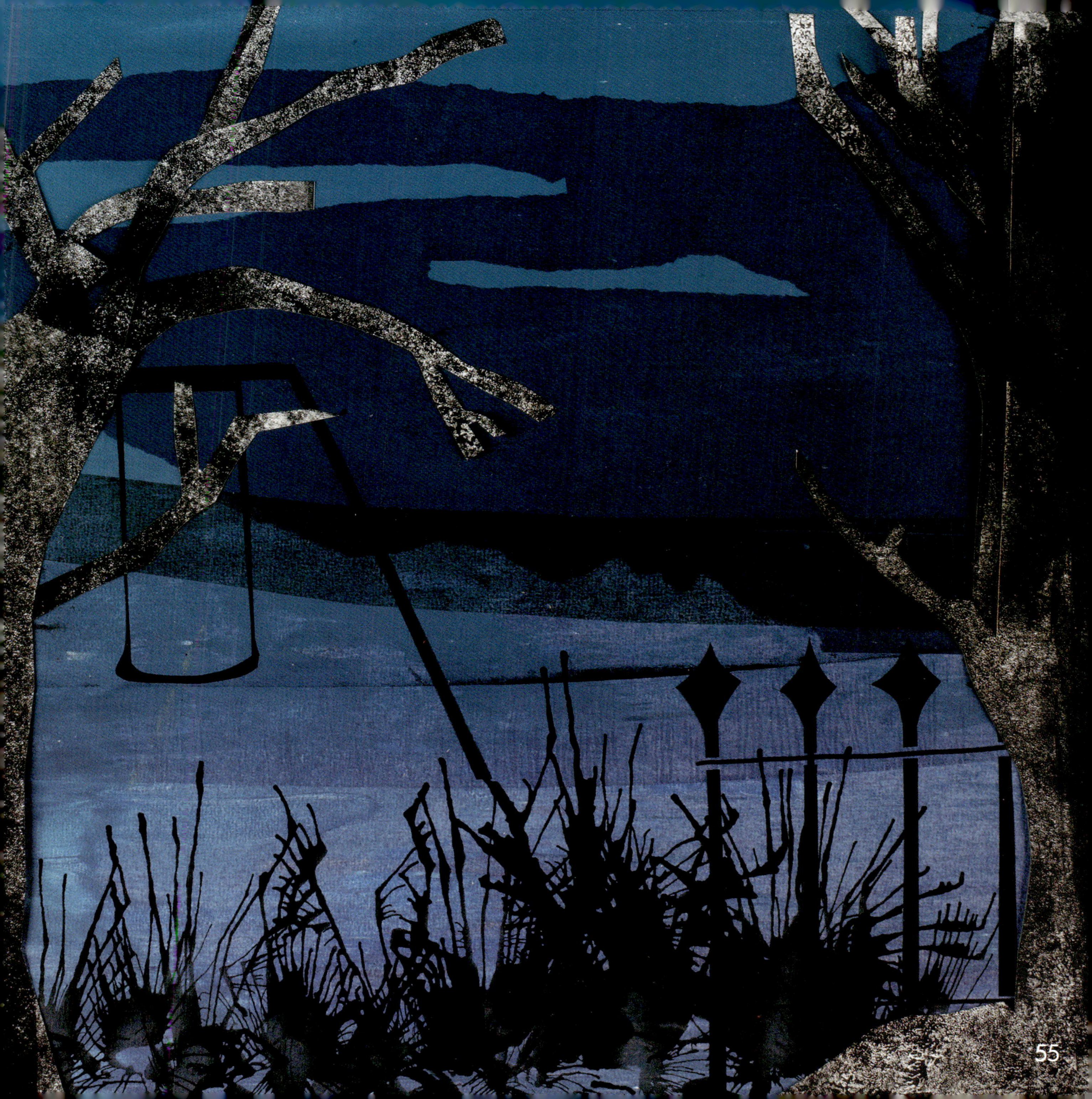

Wyt ti eisiau...?

Wyt ti eisiau beic
fel beic Meic,
neu Ferrari
fel Ferrari Anti Mari?

Wyt ti eisiau pram
fel pram babi mam,
neu ffon-bogo
fel ffon-bogo Iolo?!!

Tybed beth am whilber
fel whilber Clare,
neu dractor
fel tractor Victor?

Ŵ! Neu beth am ganŵ
fel canŵ Emma-Sŵ...?

neu awyren
fel awyren Dwynwen...?

neu jet
fel jet Bet...?

neu roced
fel roced Aled?

Na, dim diolch,
dw i eisiau adenydd
fel adar y mynydd,
adenydd iawn
i hedfan drwy'r prynhawn,
adenydd mawr
i'm codi o'r llawr...

... a plîs, plîs, plîs
a gaf i nhw
NAWR?!

Diolch!
Diolch yn fawr!

Mererid Hopwood

fel – *like*
ffon-bogo – *pogo stick*
whilber = berfa – *wheelbarrow*
awyren – *aeroplane*
adenydd – *wings*
adar y mynydd – *mountain birds*
hedfan – *fly*
drwy'r prynhawn – *all afternoon*
i'm codi – *to lift me up*
o'r llawr – *off the ground*
a gaf i nhw = ga i nhw? – *can I have them?*

Dw i'n hoffi...

Dw i'n hoffi'r haul a'r tywydd braf
A mynd i lan y môr bob haf,
Cael nofio yn y môr mawr glas,
Gwneud castell tywod, rhedeg ras.

bob haf – *every summer*
castell tywod – *sandcastle*

yn crensian – *crunching*
chwarae cuddio – *play hide-and-seek*

Dw i'n hoffi cerdded yn y coed
A'r dail yn crensian dan fy nhroed,
Cael picnic gyda Dad a Mam
A chwarae cuddio gyda Sam.

Mair Elwyn

Ffotograffau gwyliau

Pwy ydy e?
Gwallt du, cyrliog,
Tan brown ar ei freichiau
A'i goesau blewog!
Sbectol haul a sandalau.
— Wel, Dad ydy e!
Yn dawnsio mewn disgo yn y dre
Yn Sbaen.

gwyliau – *holidays*
cyrliog – *curly*
breichiau – *arms*
coesau blewog – *hairy legs*

syth – *straight*
tynn – *tight*
dim gwallt ar ei ben – *no hair on his head*
yn torheulo – *sunbathing*

Pwy ydy hi?
Gwallt brown, syth,
Tan brown ar ei breichiau
Ac yn gwisgo fflip fflopiau
A bicini tynn!
— Wel Mam ydy hi!
Yn bwyta sbageti gwyn
Yn yr Eidal.

Pwy ydy e?
Dim gwallt ar ei ben,
Tan brown ar ei freichiau
Yn gwisgo crys T
A phâr o siorts du.
— Wel, Fi ydy e!
Ie, Fi ydy e
Yn torheulo yn yr ha',
Yn bwyta hufen iâ
Yn Ffrainc.

Zac Davies

Mynd i'r dre

Mynd i'r syrcas yn y dre,
Gweld y clown, hip hip hwrê!

Mynd i'r ffair sy yn y dre,
Taflu peli hyd y lle.

Mynd i'r caffi yn y dre,
Prynu hufen iâ i de.

Mynd i'r parc sy yn y dre,
Cicio pêl i'r chwith, i'r dde.

Mynd i'r pwll sy yn y dre,
Nofio'n chwim o le i le.

Wel, dyna hwyl sy yn y dre!

Mair Elwyn

taflu – *throwing*
(ar) hyd y lle – *all over the place*
chwim – *quickly*
o le i le – *from place to place*
dyna hwyl sy yn y dre! – *what fun there is in town!*

Beiciau

Un beic coch
a dau feic pinc,
tri beic gwyrdd
ar hyd y ffyrdd...

Pedwar beic brown,
pum beic melyn,
chwe beic gwyn
ar ben y bryn...

Saith beic aur,
wyth beic piws,
naw beic du'n
pasio tŷ ni...

Deg beic glas –
pob un mewn ras!

Pwy fydd yn ennill?

Hedd ap Emlyn

ar hyd y ffyrdd – *along the roads*
ar ben y bryn – *on top of the hill*

aur – *gold*
tŷ ni – *our house*

pob un – *each one*
pwy fydd yn ennill? – *who'll win?*

Dillad smart

Dillad sgleiniog,
Dillad smotiog,
Dillad streipiog –
– Dillad smart!

Cotiau, crysau,
Capiau, ffrogiau,
Sanau, esgidiau –
– Dillad smart!

Teits deniadol,
Siwmperi ffasiynol,
Trowsus trawiadol –
– Dillad smart!

Dillad
        Dillad
                Dillad smart!

Beth wyt ti'n hoffi wisgo?

Lleuwen Hedd

sgleiniog – *shiny*
smotiog – *spotty*
streipiog – *stripy, striped*
deniadol – *pretty (attractive)*
trawiadol – *stunning*

Y robot dillad

Mae'r ystafell yn flêr!
Mae'r ystafell yn flêr!

Mae dillad bob man!
Mae dillad bob man!

Blêr!   Blêr!

Dillad bob man!
Dillad bob man!

Siwmper
      ar y gadair
Pants
      dan y gwely
Sanau
      dros y golau
Trowsus
      yn y bin
Crys T
      tu ôl i'r wardrob.

Blêr!   Blêr!

Dillad bob man!
Dillad bob man!

ZAP!
　　　ZAP!
　　　　　　ZAP!

Siwmper
　　　yn y cwpwrdd
Pants
　　　yn y drôr
Sanau
　　　ar y silff
Trowsus
　　　yn y fasged
Crys T
　　　yn hongian yn daclus.

Mae'r ystafell yn lân!
Mae'r ystafell yn lân!

Mae'r dillad yn daclus!
Mae'r dillad yn daclus!

Glân!
Glân!

Ystafell yn daclus!
Ystafell yn daclus!

Lleuwen Hedd

---

yn flêr = yn anniben – *untidy*
bob man – *everywhere*
yn hongian – *hanging*
yn daclus – *tidily*
yn lân – *clean*

Tician y cloc

Tic toc
Tician y cloc
Tic toc

Mae'n wyth o'r gloch –
Rhaid codi nawr

Tic toc
Tician y cloc
Tic toc

Mae'n naw o'r gloch –
Rhaid mynd i mewn

Tic toc
Tician y cloc
Tic toc

Mae'n ddeg o'r gloch –
Rhaid gwneud y syms

Tic toc
Tician y cloc
Tic toc

Mae'n ganol dydd –
Rhaid bwyta bwyd

Tic toc
Tician y cloc
Tic toc

Mae'n un o'r gloch –
Rhaid dysgu'r gwaith

Tic toc
Tician y cloc
Tic toc

Mae'n dri o'r gloch –
Rhaid nôl fy nghot

Tic toc
Tician y cloc
Tic toc

Mae'n hanner awr wedi tri
I ffwrdd â ni...

Dim
Tic toc
Tician y cloc
Tic toc

Tan yfory!

Non ap Emlyn

nôl – *fetch*
fy nghot – *my coat*
i ffwrdd â ni – *off we go*
tan – *until*

Dysgu cyfri

Un, dau, tri.
Tri, dau, un.
Rhaid mynd i'r ysgol
Ar fore dydd Llun.

Pedwar, pump, chwech.
Chwech, pump, pedwar;
O, dyna braf — pan
Ddaw pnawn Gwenar.

Selwyn Griffith

cyfri – *to count*
pan ddaw ... – *when ... comes*
Gwenar = Gwener – *Friday*

Marcio gwaith dosbarth

Os oedd Rhys yn copïo Mared,
a Mared yn copïo Mer,
a Mer yn copïo Meirion,
a Meirion yn copïo Ger;

a Ger yn copïo Manon,
a Manon yn copïo Prys,
a Prys yn copïo Rhydian,
a Rhydian yn copïo Rhys;

mae gen i un cwestiwn syml
i ofyn i'r grŵp bach hwn:
gwaith pwy oedd hwn ar y cychwyn
o amgylch eich bwrdd bach crwn?

Ceri Wyn Jones

---

os oedd ... – *if ... was*
mae gen i = mae gyda fi – *I've got*
hwn – *this*
gwaith pwy? – *whose work?*
ar y cychwyn – *to begin with*
o amgylch – *around*
crwn – *round*

Faint sy ar ôl?

Mae Mr Jones, ein hathro,
Yn ddyn caredig iawn,
Mae'n dod i mewn i'r dosbarth
Yn hapus un prynhawn;
Mae'n dweud, "Wel, blantos annwyl,
Mae gen i trît i chi –
Tri deg darn o siocled
I chi, blant da, a fi.

Un darn i Sam
ac
un i Pam.

Un i Bryn
ac
un i Lyn.

Dau i Annie
am ddysgu i ganu.

Dau i Cen
am waith da dros ben.

Tri i Lee
am fy helpu i.

Dim i Bruce
am gicio'r drws.

Dim i Sal
am farcio'r wal.

Dim i Pat
am dorri'r bat.

Ond...

Deg darn i Aled
am weithio mor galed!

Faint sy ar ôl?

Wel, dwedwch, da chi!
Oes digon i chi a digon i fi?"

Non ap Emlyn

faint sy ar ôl? – *how many are left?*
caredig – *kind*
blantos annwyl – *dear children*
darn – *piece*
am fy helpu i – *for helping me*
mor galed – *so hard*
da chi – *for goodness sake*
digon – *enough*

Rap rheolau

Rheolau, rheolau,
Rheolau o hyd,
Rheolau, rheolau o'm cwmpas i gyd.

Peidiwch ymladd yn yr ysgol,
Peidiwch neidio dros y llwyn,
Peidiwch tynnu llun â beiro,
Peidiwch meiddio pigo'ch trwyn.

Peidiwch bwyta dim cyn cinio,
Peidiwch rholio yn y mwd,
Peidiwch rhedeg yn y dosbarth,
Peidiwch cuddio dan eich hwd.

Peidiwch meiddio taflu sbwriel,
Peidiwch poeri ar y llawr,
Peidiwch neidio i'r pwll nofio,
Peidiwch gwneud graffiti mawr.

Peidiwch gweiddi yn y gampfa,
Peidiwch dwdlan ar eich llyfrau,
A pheidiwch, peidiwch, byth, da chi
Â THORRI Y RHEOLAU!

Aled Richards

---

rheolau – *rules*
o hyd – *all the time*
o'm cwmpas i gyd – *all around me*
ymladd – *fight*
llwyn – *bush*
tynnu llun – *draw*
â beiro – *with a biro*
meiddio – *dare*
pigo'ch trwyn – *pick your nose*
cuddio – *hide*
poeri – *spit*

y gampfa – *the gym*
dwdlan – *doodle*
da chi – *for goodness sake*
torri – *break*

Efo fy llygad bach i

Dw i'n gweld efo fy llygad bach i
rhywbeth yn dechrau efo M –

Merched.

Dw i'n gweld efo fy llygad bach i
rhywbeth yn dechrau efo P –

Papur.

Dw i'n gweld efo fy llygad bach i
rhywbeth yn dechrau efo Y –

Ysgrifennu.

Dw i'n gweld efo fy llygad bach i
rhywbeth yn dechrau efo Ch –

Chwerthin.

Dw i'n gweld efo fy llygad bach i
rhywbeth yn dechrau efo M –

Merch unig.

Dw i'n gweld efo fy llygad bach i
rhywbeth yn dechrau efo P –

Papur.

Dw i'n gweld efo fy llygad bach i
rhywbeth yn dechrau efo N –

Neges gas.

Dw i'n gweld efo fy llygad bach i
rhywbeth yn dechrau efo C –

Crïo.

Non ap Emlyn

*(yn seiliedig ar y gerdd
'Efo fy llygad bach i'
gan Aled Lewis Evans)*

efo fy llygad bach i – *with my little eye*
chwerthin – *laugh*
unig – *lonely*
neges gas – *a nasty message*

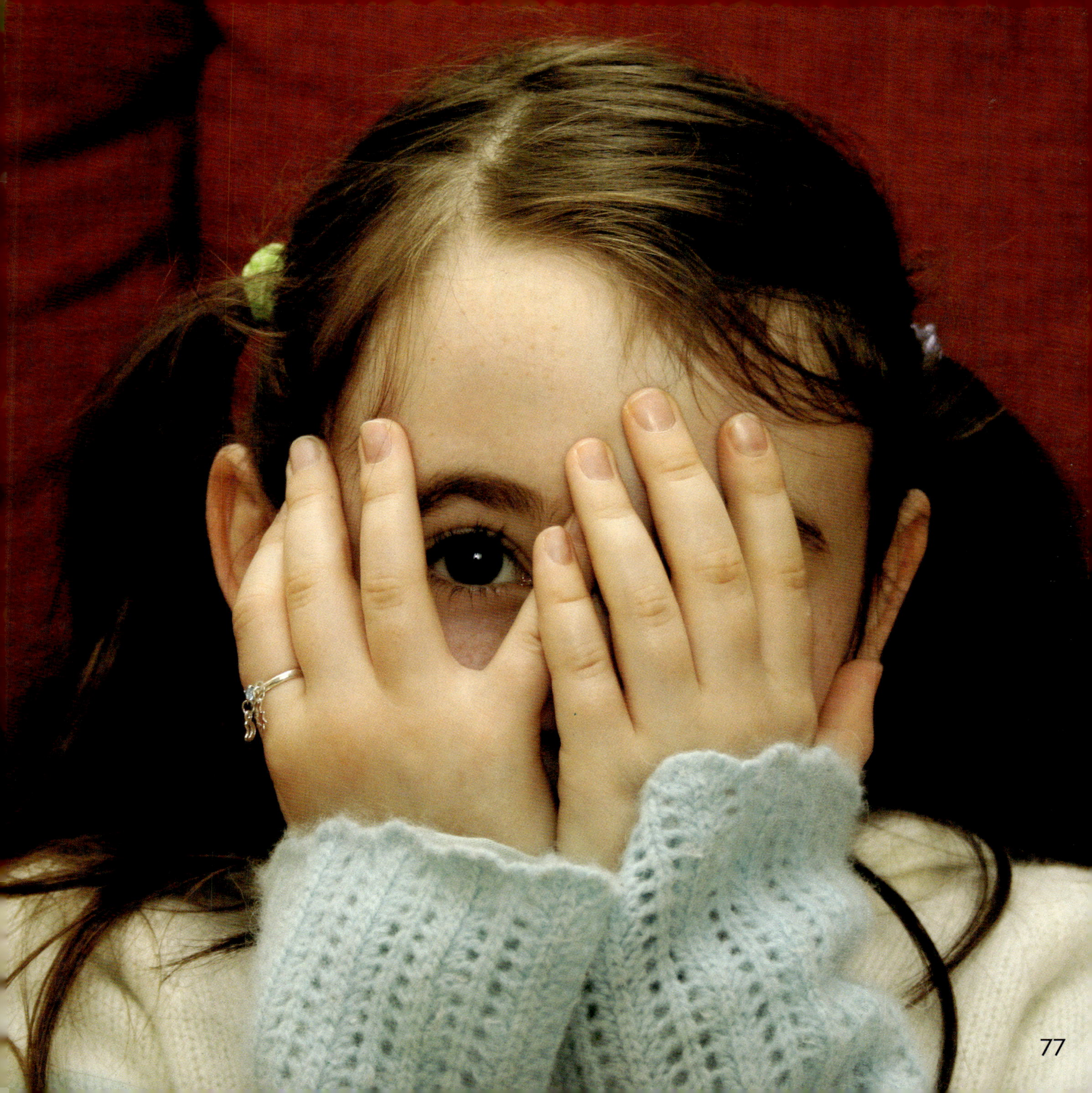

bywiog – *lively*
yn gweiddi – *shouting*
cofiwch – *remember*
neiniau a theidiau – *grandmothers and grandfathers*
persawr – *perfume*

glaswellt – *grass*
sbwriel – *rubbish*
y ci gorau'n y byd – *the best dog in the world*
am oriau – *for hours*

Amser mynd adre

Dw i'n clywed...
Y gloch, sŵn plant bywiog,
Bangio drysau,
Rhedeg mewn coridorau,
Athro'n gweiddi –
"Cofiwch roi'r llythyr i Mam!"

Dw i'n gweld...
Tacsis, bysus, ceir,
Mamau a phramiau,
Neiniau a theidiau,
Dynes lolipop.
Pawb yn gwylio ni'r plant.

Dw i'n arogli...
Petrol, persawr sbesial Mam,
Glaswellt a blodau,
Sbwriel mewn biniau,
Ac yn y tŷ
Arogl Pero — y ci gorau'n y byd!

Dw i'n teimlo...
Yn grêt, dw i wrth fy modd,
Dim gwaith na rheolau,
Dim ysgrifennu na symiau,
Dim ond chwarae'n hapus
Am oriau ac oriau.

Dw i gartre!

Mari Tudor

O, dw i'n sâl

Mae fy nhonsyls i'n boenus,
Mae fy nhonsyls i'n fawr;
Mae'n ddydd Llun unwaith eto –
O, dim ysgol nawr
Achos, o, dw i'n sâl.

Mae fy nghoesau i'n boenus,
Mae fy nghoesau fel jeli;
Mae'n ddydd Mawrth unwaith eto –
Rhaid mynd i fy ngwely
Achos, o, dw i'n sâl.

Mae fy mysedd i'n boenus,
Mae fy mysedd i'n las;
Mae'n ddydd Mercher unwaith eto –
Peidiwch edrych mor gas,
Achos, o, dw i'n sâl.

Mae fy mhen i yn boenus,
Mae fy mhen i yn llaith;
Mae'n ddydd Iau unwaith eto –
Dim gwersi, dim gwaith
Achos, o, dw i'n sâl.

Mae fy wyneb i'n boenus,
Mae fy wyneb i'n binc;
Mae'n ddydd Gwener unwaith eto –
O, help, ble mae'r sinc?
Achos, o, dw i'n sâl.

Hwrê – mae'n ddydd Sadwrn,
Dw i'n teimlo'n dda iawn;
Mae nofio drwy'r bore
A gêm drwy'r prynhawn –
ACHOS DW I DDIM YN SÂL!

Hedd ap Emlyn

fy nhonsyls – *my tonsils*
yn boenus – *painful*
fy nghoesau – *my legs*
fy mysedd – *my fingers*
mor gas – *so angry*
yn llaith – *feverish (damp)*

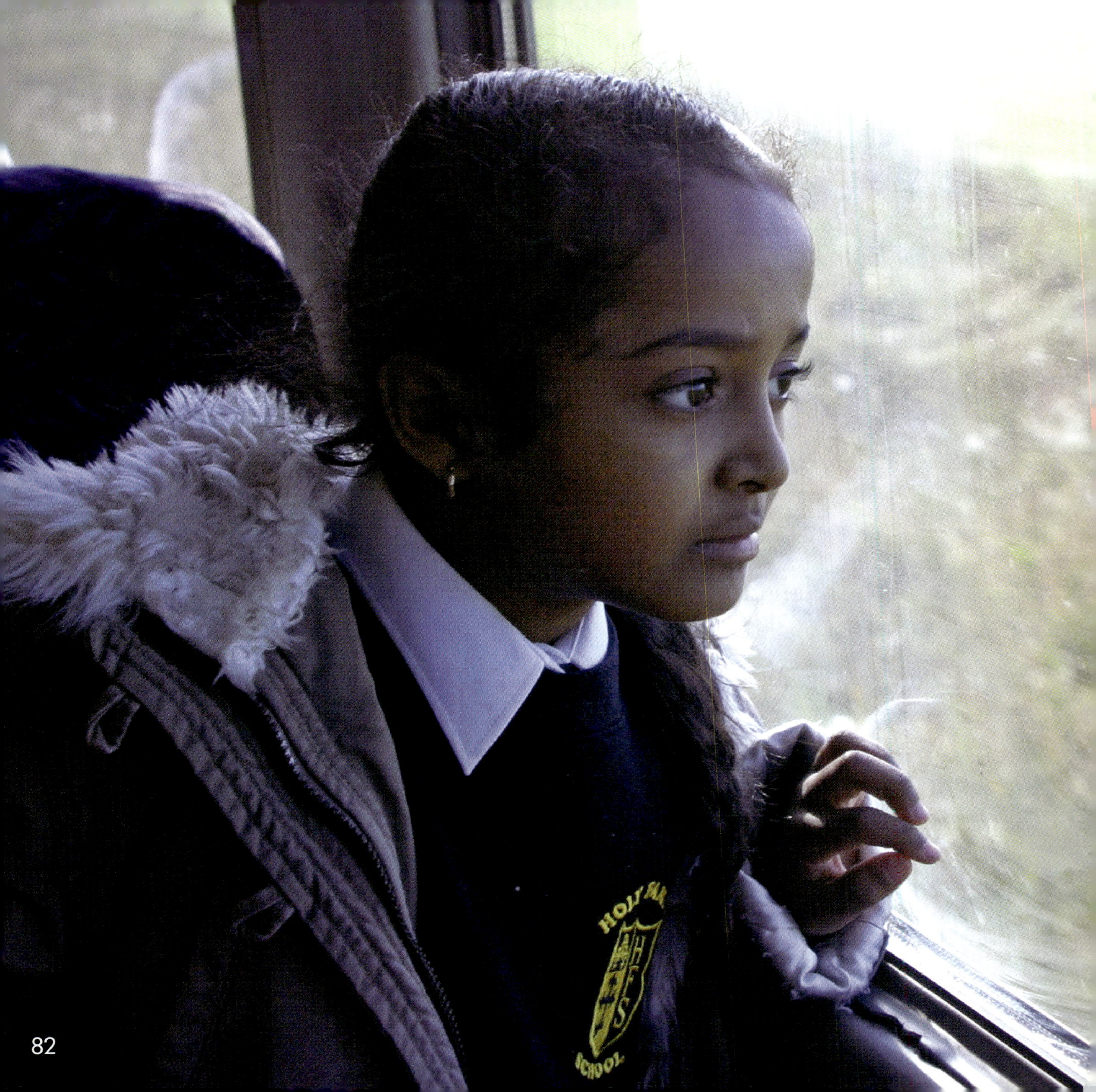
SCHOOL

Clicyti clac

Clicyti clac
Clicyti clac
Trên ar y trac
Trên ar y trac
Twnnel trwy'r tir
Twnnel trwy'r tir
Golau yn glir
Golau yn glir
Brecwast yn bryd
Brecwast yn bryd
Hapus fy myd
Hapus fy myd
Sosej ac wy
Sosej ac wy
Cacen neu ddwy
Cacen neu ddwy
Trên ar y trac
Trên ar y trac
Clicyti clac
Clicyti clac

Cyrraedd yr orsaf yn araf wnawn ni
Araf ac araf
Araf ac araf
Cyn aros
Cyn aros
Yn stond.

Ond...
Dal y trên arall am chwarter i dri –

Clicyti clac
Clicyti clac
Trên ar y trac
Trên ar y trac...

Tudur Dylan

---

trwy'r tir – *through the land*
golau – *light*
yn glir – *clear*
pryd – *meal*
hapus fy myd – *I'm happy*

cyrraedd yr orsaf yn araf wnawn ni – *slowly we arrive at the station*
cyn aros – *before stopping*
yn stond – *still*

Glaw

Ionawr... Chwefror... Mawrth:
Rhew ac eira...
a glaw!

Ebrill... Mai... Mehefin:
Haul a gwres...
a glaw!

Gorffennaf... Awst... Medi:
Tywydd poeth a braf...
a glaw!

Hydref... Tachwedd... Rhagfyr:
Niwl a gwynt...
a glaw!

OND

Diolch am y glaw!

Non ap Emlyn

gwres – *heat*

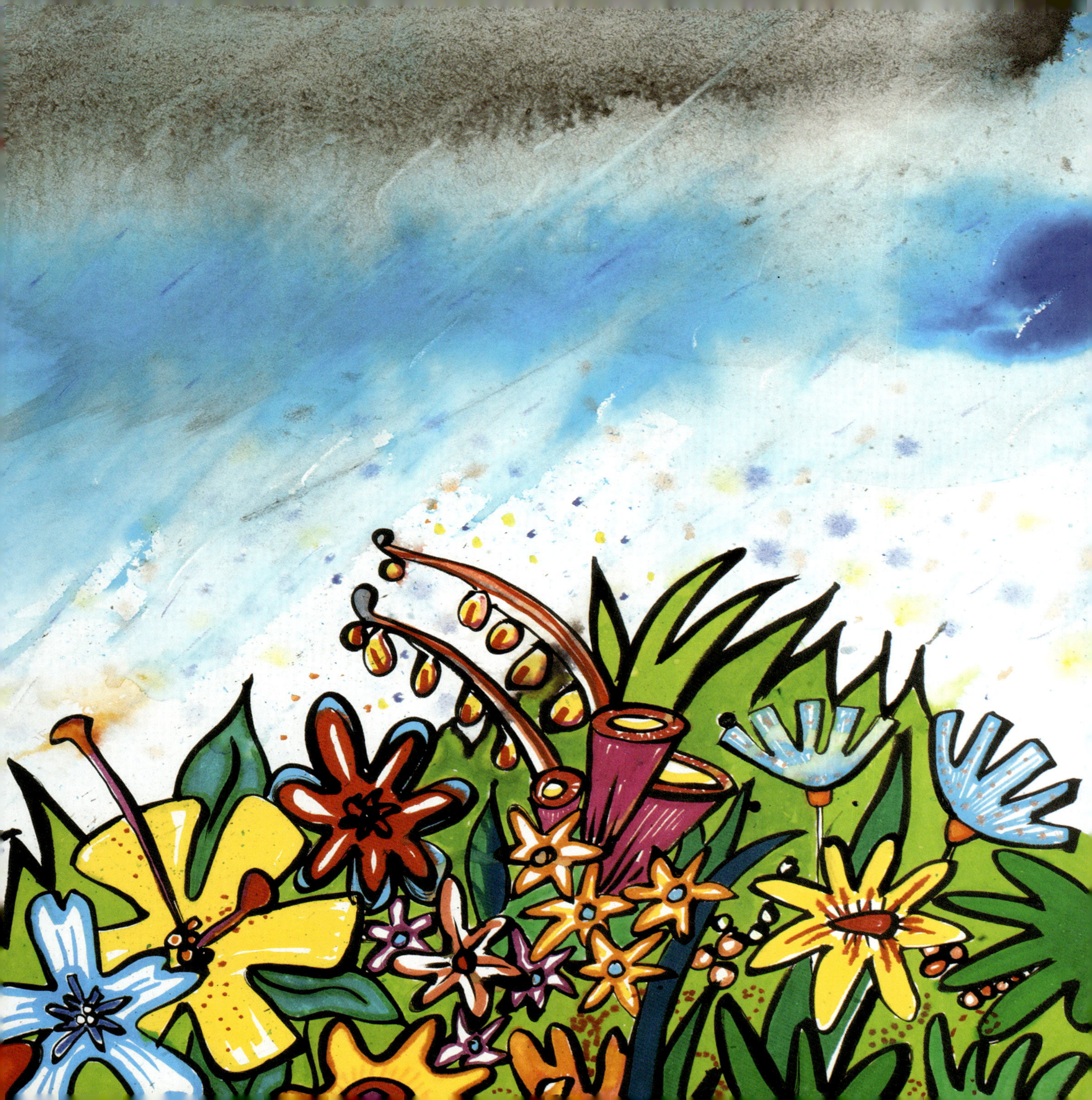

Storm

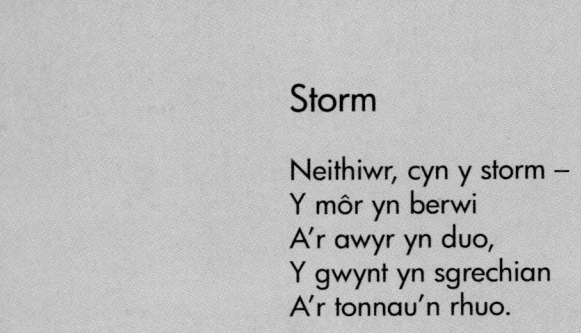

Neithiwr, cyn y storm –
Y môr yn berwi
A'r awyr yn duo,
Y gwynt yn sgrechian
A'r tonnau'n rhuo.

Heddiw, wedi'r storm –
Y tonnau'n ddistaw
A'r môr yn llonydd,
Y gwynt yn sibrwd
A'r haul yn ysblennydd.

Zohrah Evans

cyn – *before*	yn sgrechian – *screeching*	yn ddistaw – *quiet*
yn berwi – *boiling*	tonnau – *waves*	yn llonydd – *still*
awyr – *sky*	yn rhuo – *roaring*	yn sibrwd – *whispering*
yn duo – *darkening*	wedi – *after*	yn ysblennydd – *splendid*

Tywydd braf

Mae'n braf yn Nhwrci a Hong Kong,
Mae'n braf yn Ffrainc a Bali,
Mae'n braf yn Nenmarc a Japan,
Mae'n brafiach byth yng Nghymru.

Hedd ap Emlyn

brafiach byth – *finer still*

Yr haf

O, mae'n braf! O, mae'n braf! O, mae'n hwyl yn yr haf!!!

Nofio a beicio

Tywydd sych

Llafnrolio a sglefrolio

Gwyliau gwych!

O, mae'n hwyl yn yr haf!!

Manon Hedd

llafnrolio – *roller-blading*
sglefrolio – *roller-skating*

Y tymhorau

Y gwanwyn

Dail newydd ar goed,
Petalau blodau'n agor,
Byd yn blaguro.

Yr haf

Haul poeth yn gwenu
dros enfys o liwiau'r haf
a mwmian gwenyn.

tymhorau – *seasons*	enfys – *rainbow*
dail – *leaves*	mwmian – *humming*
byd – *world*	gwenyn – *bees*
yn blaguro – *blossoming*	yn disgyn – *falling*
yn gwenu – *smiling*	si – *murmur*

Yr hydref

Yn niwl y bore,
Dail coch a brown yn disgyn –
Coeden yn cysgu.

Y gaeaf

Blanced o eira,
Dim si, dim symud, dim swn,
Dim lliwiau llawen.

Hedd ap Emlyn

Llawn

Mae'r sach yn llawn
Mae'r bin yn llawn
Mae'r lori'n llawn
Mae'r domen yn llawn –
SBWRIEL.
Trist!

llawn – *full*
sach – *bag, sack*
y domen – *the tip*
sbwriel – *rubbish*

trist – *sad*
canolfan – *centre*
ailgylchu – *recycling*

Mae'r sach yn llawn
Mae'r bin yn llawn
Mae'r lori'n llawn
Mae'r ganolfan yn llawn –
AILGYLCHU.
Gwych!

Hedd ap Emlyn

Ailgylchu

Casglu…
Gwasgu…
Gwerthu…
Poteli.

Casglu…
Gwasgu…
Gwerthu…
Tuniau.

Gwydr Cymysg
Mixed Glass

Casglu…
Gwasgu…
Gwerthu…
Plastig.

Casglu…
Gwasgu…
Gwerthu…
Papur.

Hedd ap Emlyn

ailgylchu – *recycling*
casglu – *collecting*
gwasgu – *compressing*
gwerthu – *selling*

Lliwiau

Glas a gwyrdd a gwyn a du –
Lliwiau pwysig yn tŷ ni.

Glas:
Papurau newydd mawr a bach
Cylchgronau drud i mewn i'r sach.

Gwyrdd:
Planhigion trist a gwair a dail
I'w troi yn gompost heb ei ail.

Gwyn:
Poteli plastig dŵr a lla'th
Poteli plastig o bob math.

Du:
Poteli gwydr – gwin a pop
Tuniau bach a mawr o'r siop.

Glas a gwyrdd a gwyn a du –
Lliwiau pwysig yn tŷ ni.

Hedd ap Emlyn

---

pwysig – *important*
sach – *sack*
cylchgronau drud – *expensive magazines*
planhigion – *plants*
trist – *sad*
gwair = porfa – *grass*
dail – *leaves*
heb ei ail – *second to none = the best*
lla'th = llaeth = llefrith – *milk*
gwin – *wine*

97

Gee, geffyl bach

Gee, geffyl bach yn cario ni'n dau
Dros y mynydd i hela cnau;
Dŵr yn yr afon a'r cerrig yn slic –
Cwympon ni'n dau, wel, dyna chi dric.

Traddodiadol

hela cnau – *collect nuts*
afon – *river*
cerrig – *stones*
slic – *slippery*
cwympon ni – *we fell*

hwyl a sbri – *fun*
o'n cwmpas – *all around us*
di-ri – *lots*
yn troi – *turning*
heb – *without*
yn fudr = yn frwnt – *dirty*
yn farw – *dead*
gwenwyn bwyd – *food poisoning*

Beiciau mynydd yn cario ni'n tri
Allan i'r wlad i gael hwyl a sbri.
Sbwriel o'n cwmpas, papurau di-ri
A bocsys yn troi ein byd gwyrdd yn ddu.

Beiciau mynydd yn cario ni'n tri
Yn ôl i'r dre, heb gael hwyl a sbri.
Dŵr yn yr afon yn fudr a llwyd,
Pysgod yn farw o wenwyn bwyd.

Non ap Emlyn

Noson tân gwyllt

Olwynion
        yn troi...

Rocedi
        yn hedfan...

Tân gwyllt
        yn neidio...

Fflamau
        yn dawnsio...

Coed
        yn llosgi...

Mwg
        yn codi...

Gwreichion
        yn tasgu...

A Guto Ffowc, druan,
Yn llosgi yn ulw.
Does dim ar ôl –
Dim ond llwch a lludw.

Zohrah Evans

olwynion – *wheels*
yn hedfan – *flying*
yn llosgi – *burning*
mwg – *smoke*
gwreichion yn tasgu – *sparks flying*
druan – *poor old*
yn llosgi yn ulw – *burning to ashes*
llwch – *dust*
lludw – *ashes*

Cerdyn Nadolig

Mi hoffwn i anfon
   at blant y byd
lun o'r babi
   yn y crud.

Mi hoffwn i ddangos
   i blant y byd
fod cariad y babi
   yn rhodd i ni i gyd.

Nadolig Llawen, Iesu!

Aled Lewis Evans

---

mi hoffwn i – *I'd like to*
anfon – *send*
y byd – *the world*
crud – *cradle*
dangos – *show*
cariad – *love*
rhodd – *gift*
i gyd – *all*

Anrhegion Nadolig

Anrheg i Seimon ac anrheg i Sam
Anrheg i Paula ac anrheg i Pam

Anrheg i Tariq ac anrheg i Tracey
Anrheg i Sammie ac anrheg i Stacey

Anrheg i Hadya ac anrheg i Hedydd
Anrheg i Nadia a Nia Meredydd

Anrheg i Holly ac anrheg i Harri
Anrheg i Madie ac anrheg i Mari

Anrhegion, anrhegion, anrhegion di-ri
Mae pawb o fy ffrindiau'n cael anrheg gen i.

Hedd ap Emlyn

---

anrheg, anrhegion – *present,-s*
di-ri – *galore*
pawb – *everyone*
gen i – *from me*

Lliwiau'r Nadolig

Aur yw'r seren ar y goeden,
Gwyn yw'r angel yn y nen,
Glas yw'r parsel dan y goeden,
Pinc yw'r addurn ar y pren.

Coch a glas a gwyn yw'r golau
Nawr yn wincio wrth y drws,
Oren, melyn, coch yw'r fflamau,
Porffor yw'r rhubanau tlws.

Mair Elwyn

aur – *gold*
yw = ydy – *is / are*
seren – *star*
angel – *angel*
yn y nen – *up above*
parsel – *parcel*
addurn – *decoration*
pren – *tree*
fflamau – *flames*
rhubanau – *ribbons*
tlws = pert – *pretty*

bwydydd – *foods*
blasus – *delicious*
teisen = cacen – *cake*
seren – *star*
cnau – *nuts*
anrhegion – *presents*
losin = fferins – *sweets*
chwerthin – *laughing*

Nadolig

Twrci a stwffin
Mins pei a phwdin
Bwydydd blasus
Pawb yn hapus.

Teisen a thinsel
Seren ac angel
Siocled a chnau
Pawb yn mwynhau.

Siôn Corn yn y tŷ
Anrhegion i ni
Pop a losin
Pawb yn chwerthin.

Nadolig, Nadolig,
Nadolig yw hi.

Mair Elwyn

Cerdd Nadolig

Yn fy

stafell wely,

yn gorwedd ar y llawr

mae llawer o syrpreisis

mewn bocsys lliwgar mawr.

Torri'r papur lapio, gweiddi – "Gwych! Iahî!"

a gweld yr i-pod, i-phone, ac O! – Playstation 3.

Mae poster Arctic Monkeys, dau siocled a chrys T

a sgidie rhedeg du a gwyn, ac O! Nintendo Wii.

Diolch i fy Mam a Nhad, fy chwaer a fy mam-gu.

Edrychwch dan y goeden nawr – anrhegion bach i chi.

Zac Davies

yn gorwedd – *lying*
ar y llawr – *on the floor*
lliwgar – *colourful*
torri – *tear*
papur lapio – *wrapping paper*
gweiddi – *shouting*
anrhegion – *presents*

Mynegai i'r llinellau cyntaf

Anrheg i Seimon ac anrheg i Sam	103
Aur yw'r seren ar y goeden	104
Batio, llafnrolio	46
Beiciau mynydd yn cario ni'n tri	99
Blanced o eira	91
Brechdanau ham	26
Bwldog mawr a hir ei ddant	32
Bwyta brecwast mawr bob bora	16
Casglu…	94
Clicyti clac	83
Cofiwch brynu llysiau da	20
Crys rygbi Cymru a minlliw Mam	10
Ch…ch…ch…ch… chwyrnu	50
Dad mewn ffedog las	28
Dail newydd ar goed	90
Dau gi bach yn mynd i'r coed	34
Dau gi bach yn mynd i'r dre	35
Deg llygoden yn chwarae'n braf	42
Dillad sgleiniog	65
Diolch yn fawr am dy wahoddiad ci	25
Dw i weithiau yn sibrwd	13
Dw i'n cael fy mhen-blwydd dydd Sadwrn yma	24
Dw i'n clywed	79
Dw i'n dipyn o foi yn sglefrolio…	44
Dw i'n (driblo'r bêl)	48
Dw i'n gweld efo fy llygad bach i	76
Dw i'n hoff iawn o nofio a sgïo…	45
Dw i'n hoffi pizza trwchus	17
Dw i'n hoffi'r haul a'r tywydd braf	58
Es i i dŷ Gareth nos Wener	52
Es i i'r sŵ i weld cangarŵ	41
Fy enw i yw…	7
Gee, geffyl bach yn cario ni'n dau	98
Glas a gwyrdd a gwyn a du	96
Haul poeth yn gwenu	90
Ionawr… Chwefror… Mawrth	84
Mae badminton, tennis a rygbi…	44
Mae fy nhonsyls i'n boenus	80

Mae gen i ddau lygad	12
Mae hi'n eistedd wrth y drws	36
Mae lleidr yn y cae	38
Mae Mam yn hoffi pasta gwyn	14
Mae Mr Jones, ein hathro	72
Mae parc mawr iawn tu ôl i'r tŷ	54
Mae Yncl Huw	8
Mae'n braf yn Nhwrci a Hong Kong	88
Mae'r sach yn llawn	92
Mae'r ystafell yn flêr	66
Mewn siop	33
Mi hoffwn i anfon	102
Mynd ar ras yn y car bach glas	19
Mynd drot drot ar y gaseg wen	18
Mynd i'r syrcas yn y dre	62
Neithiwr, cyn y storm	86
O, mae'n braf! O, mae'n braf!	89
Olwynion	100
Oren â'i sudd	22

Os oedd Rhys yn copïo Mared	71
Parti, parti	27
Pwy ydy e?	60
Roedd bachgen bach byr o Brestatyn…	29
Roedd menyw fawr dew o Glangwili…	29
Rheolau, rheolau	74
Ssssssssssssssssssssssut mae?	40
Tic toc	68
Twrci a stwffin	105
Un beic coch	64
Un caneri a dwy lygoden	31
Un i fi, un i ti	30
Un, dau, tri	70
Wîîîîîî!!	47
Wyt ti eisiau beic	56
Yn fy stafell wely	106
Yn niwl y bore	91

Cydnabyddiaethau

Cerddi

Diolch i'r beirdd a'r gweisg canlynol:

Tud.
- 7   Popeth i bawb, Tudur Dylan, *Rhywun yn Rhywle*, Gwasg Gomer
- 12 Dwy ran i'r corff, Elen Pencwm, *Cerddi Call a Cherddi Gwirion*, Hughes a'i Fab
- 13 Sŵn, Tudur Dylan, *Byd Llawn Hud*, Gwasg Gomer
- 20 Siopa gyda Dad, Ceri Wyn Jones, *Byd Llawn Hud*, Gwasg Gomer
- 32 Ar werth, Peter Hughes Griffiths, *Odl a Chodl*, Y Lolfa
- 56 Wyt ti eisiau...?, Mererid Hopwood, *Byd Llawn Hud*, Gwasg Gomer
- 70 Dysgu cyfri, Selwyn Griffith, *Dyma'r Ola*, Gwasg Gwynedd
- 71 Marcio gwaith dosbarth, Ceri Wyn Jones, *Byd Llawn Hud*, Gwasg Gomer
- 76 Efo fy llygad bach i, Aled Lewis Evans, *Ffŵl yn y Dŵr*, Gwasg Gomer (Diolch am y caniatâd i addasu'r gerdd.)
- 83 Clicyti clac, Tudur Dylan, *Byd Llawn Hud*, Gwasg Gomer

Lluniau

Anthony Evans	10-11, 16, 17, 20-21, 28, 31, 50-51, 62-63, 66-67, 68-69, 88, 96-97, 104
Anthony Evans a CBAC	18
Elwyn Ioan	14, 15, 29, 46, 47, 48-49, 52, 53, 60, 61, 80, 81
Ruth Jên	clawr, 8-9, 12, 13, 19, 26-27, 32, 35, 46, 54, 55, 56-57, 58-59, 74-75, 78-79, 84-85, 90-91, 100-101, 103, 105
Mihangel Arfor Jones	22, 23, 42, 43, 64, 71
Marian Delyth	24-25, 30, 41, 44, 45, 65, 70, 72, 73, 77, 82-83, 86, 87, 89, 92, 93, 94, 95, 99
Hedd ap Emlyn	36, 37, 38, 39
Lin Jenkins	40
Siôn Ilar	47
Ivor Owen	34, 98
Llyfrgell Genedlaethol Cymru	102

Diolch i Ganolfan y Celfyddydau, Aberystwyth (tud. 82-83) a hearingdogs.org.uk (tud.33) am yr hawl i ailddefnyddio'r ffotograffau.

Meddalwedd, llyfrau a gemau bwrdd

AWEN

Am wledd o ddeunyddiau addysgol, ewch i'n gwefan:
www.awenmedia.com

Dysgu trwy chwarae

Cynnwys y CD

1	Popeth i bawb	24	Aros	47	Marcio gwaith dosbarth
2	Ble wyt ti'n byw?	25	Y lleidr	48	Faint sy ar ôl?
3	Fy enfys i	26	Y neidr	49	Rap rheolau
4	Dwy ran i'r corff	27	Es i i'r sŵ i weld cangarŵ	50	Efo fy llygad bach i
5	Sŵn	28	Llygod bach	51	Amser mynd adre
6	Fy nheulu i a fi	29	Limrig – Mae badminton…	52	O, dw i'n sâl
7	Bwyd	30	Limrig – Dw i'n dipyn o foi…	53	Clicyti clac
8	Pizza	31	Limrig – Dw i'n hoff iawn o nofio…	54	Glaw
9	Mynd drot drot ar y gaseg wen	32	Joio	55	Storm
10	Siopa gyda Dad	33	Gêm tennis Sam	56	Tywydd braf
11	Ffrwythau	34	Fy ngôl gyntaf	57	Yr haf
12	Gwahoddiad	35	Gwersylla	58	Y tymhorau
13	Yr ateb	36	Cysgu draw: tŷ Gareth Williams	59	Llawn
14	Parti	37	Y parc	60	Ailgylchu
15	Parti	38	Wyt ti eisiau?	61	Lliwiau
16	Barbeciw	39	Dw i'n hoffi	62	*Gee*, geffyl bach
17	Limrig – Roedd menyw fawr dew…	40	Ffotograffau gwyliau	63	Noson tân gwyllt
18	Limrig – Roedd bachgen bach byr…	41	Mynd i'r dre	64	Cerdyn Nadolig
19	Rhannu	42	Beiciau	65	Anrhegion Nadolig
20	Fy ffrindiau i	43	Dillad smart	66	Lliwiau'r Nadolig
21	Ar werth	44	Y robot dillad	67	Nadolig
22	Ffrind	45	Tician y cloc	68	Cerdd Nadolig
23	Dau gi bach	46	Dysgu cyfri	69	Cydnabyddiaethau